KAUM HUNDERT JAHRE IST ES HER

Handwerk und Leben in einer kleinen Stadt

Gemalt von Philippe Fix
Erzählt von Françoise und Philippe Fix
Übersetzt aus dem Französischen
von Antoinette Becker

Otto Maier Ravensburg

Joseph Haas
schreitet schneller aus.
Er ist am Ende seiner Tour
und möchte nun bald daheim sein.
„Ich nehme die Abkürzung durch den kleinen Wald", beschließt er. „Der Pfad muß doch begehbar sein. Die Sonne steht schon tief am Himmel, es langt mir gerade noch, um bei Seegers vorbeizugehen. Irgend etwas wird mir die Frau schon abkaufen."
Joseph Haas ist Hausierer von Beruf. Sommers wie winters, bei Schnee, Regen oder Wind geht er von Weiler zu Weiler, von Gehöft zu Gehöft und bietet seine Ware feil: Knöpfe, Bänder, Scheren, Rosenkränze, Kämme, Stoffe, Nähartikel oder Waren nach der neuen Mode… Jedermann findet etwas für seine Bedürfnisse in dem Traggestell, das Joseph bergauf, bergab trägt.
Für die Kunden, die abseits auf dem Lande wohnen, oft kilometerweit voneinander entfernt, ist der Besuch des Hausierers ein kleines Ereignis. Sein Kommen unterbricht ihre Einsamkeit und den täglichen Trott.
Man schwatzt, erkundigt sich nach dem und jenem, was in der Welt passiert. Joseph, der wochenlang unterwegs ist, kennt alle Neuigkeiten im Umkreis und weiß, was in jeder Familie los ist. Man bietet ihm ein Gläschen Wein an oder einen Teller guter, warmer Suppe, wenn das Wetter rauh ist. Wenn er sich wieder aufmacht, bittet man ihn oft, eine Nachricht zu überbringen an Verwandte oder Freunde, die er vielleicht auf seinem Marsch treffen wird. Abends, wenn er danach fragt, erlaubt man ihm, in der Scheune im Stroh zu

übernachten. Aber Vorsicht! Die Feuergefahr ist immer groß. Zündhölzer sind verboten.
Jetzt sind es schon vier Wochen, daß Haas von zu Hause fort ist. Seine Tour ist nicht allzu weit. In manchen armen Gegenden müssen die Hausierer oft monatelang von zu Hause fort sein. Manche sind wegen ihres Handels sogar bis nach Amerika ausgewandert!
So eine Trennung wäre schon ganz schön hart für Melanie und die Kinder, denkt Haas, als er an das Stadttor kommt. Jetzt ist er gleich zu Hause, er wohnt ganz nah bei der Turmuhr.
Als er das Haus betritt, beenden Laura und Vinzenz gerade ihre Schulaufgaben. „Vater!" rufen sie fröhlich und stürzen in seine offenen Arme.
„Endlich bist du wieder da. Du bist so lange fort gewesen!"
Melanie kommt aus ihrer Küche herbei, sie lächelt froh: „Du kommst gerade recht, das Essen wird gleich fertig sein. Laura, du kannst den Tisch decken."

„Ach, ist das schön, wieder daheim zu sein", seufzt Joseph, als er seine Stiefel auszieht. „Jetzt merkt man erst, wie müde man ist. Fünfzehn bis zwanzig Kilometer am Tag mit diesem Traggestell, das gut seine vierzig Kilo wiegt! Da muß man schon rüstig sein! Gott sei Dank fängt meine nächste Tour erst nach dem Markt an. Ich habe ziemlich viel zu erledigen. Ich muß das Angebot meiner Waren vergrößern. Ich werde bei Herrn Härlin vorbeigehen. Er soll mir beibringen, wie man Ohrläppchen durchsticht, denn Ohrringe verkaufen sich gut, wenn man weiß, wie sie angemacht werden. Schaut mal, Kinder, ich habe euch ein kleines Buch mitgebracht, das viel Erfolg zu haben scheint: ‚Zwei Kinder wandern durch Deutschland'."
„Ist das schön, Vater! Der Lehrer hat uns in der Schule daraus vorgelesen. Jetzt werde ich endlich die ganze Geschichte erfahren", sagt Vinzenz ganz aufgeregt. „Du wirst sehen, Laura, wie spannend das ist!"

Mit meiner letzten Tour bin ich nicht unzufrieden", erzählt Joseph während des Essens. „Der Verkauf war ganz gut. Ich mußte aber bis Morlenheim gehen, um neue Ware zu holen, die mir fehlte.
Bei meiner Rückkehr habe ich im ‚Honigschlecker' gerastet. Das ist ein altes Wirtshaus, schön gelegen an der großen Straße. Bevor es eine Eisenbahn gab, wechselte man dort die Pferde der Postkutsche. Viele Bauern, die zur Stadt gehen oder auf dem Rückweg sind, machen dort Rast.
Für uns Hausierer sind solche Wirtshäuser angenehme Verkaufsorte. Dort habe ich übrigens Vater Schermann getroffen, mit dem ich ein Tauschgeschäft gemacht habe. Er hat mir das Buch für euch gegeben gegen eine kleine Tabaksdose.
Er verkauft auch alle Arten von Bildern und Almanache."
„Ich mag sehr gerne Almanache", sagt Laura. „Die sind voller Bilder und Geschichten, Witzen und Märchen und sogar Weissagungen von Sterndeutern für jeden Tag."
Joseph lacht. „Gott sei Dank, stehen auch etwas ernsthaftere Dinge darin. Die Leute auf dem Land brauchen den Almanach sehr nötig. Für ein paar Pfennige bekommen sie da viele Ratschläge: Voraussagen über das Wetter, das man zu erwarten hat, den genauen Aufgang und Untergang der Sonne, die Vollmondtage und die kirchlichen Feiertage. Und auch, wann die großen Märkte und Jahrmärkte der Gegend stattfinden.
Vater Schermann hat mir erzählt, daß ihm die Bauern viele Heiligenbilder abkaufen, die das Haus, die Familie und die Tiere beschützen sollen. Sehr beliebt seien auch Münchner Bilderbogen mit ihren hellen, fröhlichen Farben. Der Wirt kauft ihm regelmäßig welche ab, doch zieht er ihnen die schönen Holzschnitte vor. Er sagt, daß er sie in die Wirtsstube hängt, damit die Gäste geduldiger auf die Essenszeit warten. Eigentlich glaube ich, daß er sich selbst die größte Freude damit macht..."
„Kommt Kinder, geht jetzt schlafen", sagt Melanie, als sie den Tisch abdeckt. „Ich habe jedem von euch eine Wärmflasche ins Bett gelegt, damit ihr's

warm habt. Und du, Joseph, willst du noch einen Kräutertee trinken?“
„Gerne“, antwortet er. „Ich muß sowieso noch meine Einnahmen in meinem Heft nachtragen. Weißt du, Melanie, die Zukunft macht mir Sorgen. Ich möchte nicht das ganze Leben Hausierer bleiben, der Handel ist einfach zu begrenzt.“
„Vielleicht könntest du dir in einiger Zeit einen Maulesel kaufen“, meint seine Frau.
„Ich denke immer mehr daran“, antwortet Joseph nachdenklich. „Auf diese Weise hat der Fritz Silcher einmal in seiner Jugend angefangen. Ich habe ihn letzthin auf der Straße nach Maulendorf getroffen. Wenn du nur diesen Wagen sehen könntest! Ein richtiger fahrender Laden! Für die Haushalts- und Eisenwaren, die er auf den großen Märkten und in den Marktflecken verkauft, ist er ein wahrer Fachmann geworden. Jetzt träumt er davon, mit seiner Frau ein Kolonialwarengeschäft zu eröffnen.
Wir sind ein Stück Weg gemeinsam gegangen. Fritz Silcher mußte zum Schmied, in der Nähe vom Wirtshaus, um eines seiner Pferde beschlagen zu lassen. Dieser Schmied hat einen ausgezeichneten Ruf als Handwerker im ganzen Umkreis. Er kuriert auch die Tiere und schmiedet allerhand landwirtschaftliches Werkzeug für die Bauern. Als es noch Postkutschen gab, wechselte sein Vater die Pferde, während sich die Reisenden im Wirtshaus ausruhten. ‚Ohne Schmied keine Reisenden‘, pflegte er zu sagen.
Sein Sohn fängt allerdings heute an, an alledem zu zweifeln. Er hat mich richtig verblüfft. Er fragt sich, ob die Automobile und die Maschinen mit Motor nicht eines Tages das Pferd ersetzen werden.“
„Ach was“, lacht Melanie, „das ist unmöglich!“
Joseph schüttelt den Kopf. „Ich denke es auch nicht“, sagt er. „Immerhin hat der Schmied seinen Ältesten bei sich in der Schmiede behalten. Doch der Jüngste ist in die Großstadt gegangen, um seine Lehre in einer mechanischen Werkstatt zu machen.
Es wird spät, Melanie, wir sollten besser auch zu Bett gehen.“

„He, Vinzenz, komm doch Murmeln spielen", ruft Julian, der kleine Nachbar. Die Antwort folgt auf dem Fuß. Vinzenz packt seinen Murmelsack, saust die Treppe herunter zu Julian, der unten wartet. Julian ist ein Meister in diesem Spiel. Vinzenz muß sich ganz schön anstrengen. Die Straße gehört den Kindern. Sie ist ihr Spielplatz. Mädchen und Jungen, kleine und große, treffen sich dort, wenn sie einen Augenblick Zeit haben. Da können sie sich austoben, springen, rennen oder sich tausend Arten von Spaß und Kurzweil ausdenken. Außerdem ist auf der Straße immer etwas los. Es brauchen nur ein paar Zigeuner, Sänger oder fahrende Musikanten vorbeizuziehen, und schon unterbrechen alle ihr Spiel. Manchmal wandert der alte Matthäus langsam vorbei mit seinem Esel und seiner Drehorgel. Unablässig dreht er die Kurbel des Instruments. Plötzlich ist Musik in der Luft, und alles bekommt einen festlichen Glanz. Die Kinder kommen angerannt. Als Dank geben die Passanten dem Musiker ein paar Münzen.
Von morgens bis abends laufen zahlreiche Händler herum, die ihre Waren verkaufen: Milch, Früchte, Gemüse, Blumen, Haushaltswaren, Luxusgegenstände oder etwas ganz Modisches… Der Gipsfigurenmann preist für zwanzig Pfennig die Büste vom Kaiser an oder die Statue eines kleinen Schutzengels.
Andere bieten ihre Dienste an, sei es der Scherenschleifer, der Mann, der kaputtes Porzellan und Steingutware kittet, der Kaminkehrer oder der Glaser, der in kurzer Zeit den Schaden repariert, den ein böser Windstoß, ein schwerer Hagel oder Ungeschicklichkeit angerichtet haben.
Jeder hat seinen eigenen Ruf oder seine eigene kleine Melodie:
„Der Scheee-renschleifer ist da, der Scheee-renschleifer ist da, schleift Messer, Scheren, Rasiermesser, Klingen!" singt Vater Bollmann und bimmelt heftig mit seinem Glöckchen.
Von all diesen Handwerkern mag Vinzenz Vater Bollmann am meisten. Sobald er ihn hört, springt er nach Hause und fragt seine Mutter, ob sie nicht ein Messer oder Werkzeug zum Schleifen hat. Heute hat sich Vater Bollmann auf dem Platz niedergelassen. Er beugt sich über seinen Schleifstein und tritt ein Pedal, das über ein großes Rad einen Stein in Bewegung setzt, der sich immer schneller dreht. Wenn das Messer an den Stein gehalten wird, singt es, und die Funken sprühen.
„Ich geh zu Vetter Hans", sagt Laura zu ihrem Bruder. „Er hat mir gewinkt. Er will sicher seine Scheren schleifen lassen."

Vetter Hans ist Schneider. Seine Werkstatt liegt unmittelbar am Platz. Laura liebt es, ihm Gesellschaft zu leisten. Er gibt ihr Stoffreste, die er nicht mehr braucht, Faden und eine Nadel, damit näht sie Kleider oder Brusttücher für ihre Puppe. Vetter Hans sitzt im Schneidersitz auf seinem Arbeitstisch. Während er näht, schaut er manchmal über seine Brillengläser und beobachtet Laura.

„Ich glaube, daß aus dir eine gute Schneiderin wird", sagt er lächelnd. „Ich war so alt wie du, als ich angefangen habe, den Beruf meines Vaters zu erlernen. Er besaß keine Werkstatt wie ich. Er war ein Wanderschneider, der die Gegend abgraste und sich in Bauernhäusern verdingte. Er richtete sich in der Scheune ein oder arbeitete auf dem Eßtisch, der in der Stube stand, und schneiderte dort die Kleider für die ganze Familie.

Oft kamen die Frauen und die Kinder und setzten sich zu ihm. Er konnte ihnen zuhören, und er wußte, wie er ihnen Freude machen konnte mit alten Liedern, die er ihnen vorsang. Manchmal erzählte er Geschichten, wie nur er allein es konnte. Wenn eine Hochzeit bevorstand, blieb er manchmal mehrere Wochen beim Bauern und fertigte die Festkleider an. Da war was los! Er mußte Sticker anwerben, die die Wämser bestickten und schmückten oder die Mieder mit Samt verbrämten, mit Stickereien, Spitzen und farbigen Bändern, je nach Sitte der Gegend.

Aber weißt du, trotz seiner Arbeit wurde der Schneider wenig geschätzt. In den meisten Fällen hatte er diesen Beruf gewählt, weil er schwächlich, bucklig, gebrechlich oder kränklich war wie mein Vater. Die Frauen verstanden sich gut mit ihm, die Männer verachteten ihn etwas, weil er nicht die harte Feldarbeit verrichtete wie sie selbst. In ihren Augen galt er nur als halber Mann."

„Ach, schau mal her, Vetter Hans, der Rock meiner Puppe sitzt ganz schief", sagt Laura traurig. „Du hast ihn sicher schlecht zugeschnitten", antwortet ihr der Vetter Hans lächelnd, als er ihr enttäuschtes Gesicht sieht. „Man braucht viel Geschicklichkeit, um gut zuzuschneiden. Eigentlich ist das die wirkliche Kunst des Schneiders...

Da ist ja Vinzenz, komm setz dich. Doch ich muß bald zu Meister Wiegand, um ein Stück Stoff bei ihm abzuholen."

„Der Weber, Vetter Hans? Dürfen wir mit?“ bitten die Kinder. „Sicher. Ihr werdet sehen, wie der noch auf seinem alten Handwebstuhl arbeitet. Mit der Erfindung der mechanischen Weberei in den Fabriken verschwindet dieses Handwerk mehr und mehr. Das kleinste Dorf hatte früher seinen Weber. Wenn die Bauern Tuch bestellten, brachten sie selbst die Wolle, den Flachs oder den Hanf. Die Frauen hatten sie abends beim Zusammensitzen in der Spinnstube mit dem Spinnrad gesponnen. Aus diesem starken Faden machte der Weber einen so ausgezeichneten Stoff, daß er nicht totzukriegen war. Ein gutes Hemd hatte man fürs Leben. Während der langen Wintermonate arbeiteten viele Weber zu Hause bei der Familie. In der guten Jahreszeit waren sie auf dem Feld oder übten einen anderen Beruf aus.“

Die Werkstatt von Meister Wiegand liegt etwas tiefer als das Erdgeschoß, in einer Art kühlem, halbdunklem Keller. Der gestampfte Lehmboden spendet die unerläßliche Feuchtigkeit, die für die Festigkeit des Fadens nötig ist. Der Weber sitzt auf seinem Webstuhl und tritt die Pedale. Die am Kettenbaum gespannten Fäden teilen sich in zwei Flächen, die Kettfäden oben und die unten. Zwischen diesen Flächen wirft er sein Schiffchen mit dem Faden hin und her und läßt mit einem harten Schlag den Schaft herunter, damit der Weberkamm den Schußfaden an den Stoff herandrückt. So webt er mit der gleichen regelmäßigen Bewegung vom Morgen bis in die Nacht, begleitet von dem eintönigen Geklapper des Webstuhles.

„Wie geht das langsam“, flüstert Vinzenz.

„Du hast recht“, sagt Frau Wiegand, indem sie Faden auf Spulen spult. „Mein Mann hat keinen Gehilfen mehr, deshalb geh ich ihm zur Hand. Siehst du, hier richte ich die Spulen mit dem Faden, der in die Schiffchen kommt. Ich helfe ihm auch, die Kettfäden auf den Kettenbaum zu spannen. Manchmal, wenn Not am Manne ist, nehme ich seinen Platz ein, aber nur, wenn das Gewebe einfach und ohne Muster ist.“

„Hier, Hans, haben Sie Ihr Tuch“, sagt der Weber. „Kinder, ihr könnt wiederkommen!“

Jakob, der Schuster, ist ein rechtschaffener Mann, fröhlich, gefällig und arbeitsam. Ihm fällt immer etwas ein, um allen Wünschen seiner Kunden gerecht zu werden. Ob es ums Nähen geht, ums Nageln, Lederausschneiden, ums Lederweichklopfen oder um das Wiederbefestigen der Hinterkappen der Stiefel, oder ob das Oberleder geflickt, neue Sohlen angefertigt werden müssen: Jede Arbeit ist ihm recht, nichts bringt ihn um seine gute Laune.

„Willst du etwa schon die Stiefel deines Vaters abholen?" sagt er zu Vinzenz, als er diesen erblickt. „Sie sind noch nicht ganz fertig. Entweder du geduldest dich, oder du kommst in etwa einer Stunde wieder."

Vinzenz lächelt. „Das macht nichts, Herr Jakob. Ich werde warten." Vinzenz sitzt gerne auf den Stufen vor der Werkstatt und schaut dem alten Handwerker bei der Arbeit zu.

„Was hab ich in meinem Leben schon an Schuhen repariert!" erzählt der Schuster, indem er an dem Schuh raspelt. „Wenn man bedenkt, daß ich in meiner Kindheit nicht einmal ein Paar Schuhe besaß. Ich war nicht der einzige, denn sie kosteten viel und nutzten sich schnell ab. Viele arme Leute konnten sich diesen Luxus gar nicht leisten. Solche, die Schuhe hatten, trugen sie nur bei wichtigen Gelegenheiten. Um ihre Schuhe zu schonen, liefen die Bauern barfuß und hängten ihre zusammengeknoteten Schuhe über die Schulter oder über ihren Arm. Sie zogen sie erst an, wenn sie an das Stadttor kamen."

„Grüß Gott, Jakob! Na, wie geht's unseren kleinen Gästen?" unterbricht sie die fröhliche Stimme des Vogelfängers. Der Schuster ist einer seiner guten Kunden, den er regelmäßig besucht. „Hört einmal meinem hübschen Buchfinken zu, wie der singt. Ich glaube, daß es mir schwerfallen wird, mich von ihm zu trennen. Er singt so schön! Hört mal zu!" Mit großer Zartheit streichelt er das Gefieder des Vogels. Er pfeift leise, damit fordert er ihn zum Singen auf. Der Fink nickt mit dem Kopf, öffnet den Schnabel, aber so enttäuschend es auch sein mag, er bleibt stumm.

„Wir machen ihm wohl Angst", sagt Jakob mit ganz leichtem Spott in der Stimme. „Er singt uns das nächste Mal etwas vor..."
Laura kommt mit der Milch zurück, die sie geholt hat. Vinzenz, der hinter ihr hergerannt kommt, mit den Stiefeln des Vaters, bricht in Gelächter aus.
„Warum lachst du nur so albern, ach, du bist einfach blöd!" sagt sie gereizt.
„Schau doch deine Kanne an." Ja, er hat recht, die Kanne hat ein Loch, sie rinnt. Die Milch tröpfelt langsam und stetig auf die Straße.
„Ihr müßt morgen zu den Kesselflickern", sagt Melanie, als die Kinder zurückkommen. „Ich habe sie heute auf der Straße gehört, als sie vorbeigingen. Sie lagern am Ausgang der Stadt."
Die Gebrüder Dako ziehen durch das ganze Land. Sie gehen zu den Häusern und holen Wannen, Töpfe, Wasserkessel, Eimer und andere Gegenstände aus Eisen, Kupfer oder Zinn ab, die sie löten oder sehr geschickt flicken. Die Werkzeuge, die sie zum Reparieren benützen, sind ziemlich einfach: Zange, Feile, Lötkolben und Hammer. Das Zinn wird in einem Kochkessel erhitzt, der auf einem dreifüßigen Gestell steht; ein Blasebalg hält das Holzkohlenfeuer unter dem Kessel in Gang. Der Gegenstand, der geflickt werden soll, wird sorgfältig mit Säure abgebeizt. Dann wird er rasch in das auf dem Feuer stehende flüssige Zinn

getaucht und dann in eine Wasserwanne zum Abkühlen. Nachdem er abgetrocknet und abgerieben ist, bekommt er einen Glanz ohnegleichen, schöner als Silber.
„Zeig mal die Kanne her", sagt einer der Kesselflicker zu Vinzenz. „Das ist kein großes Unglück, ein bißchen löten genügt." Er nimmt zwei kleine Stangen Zinn, läßt sie mit seinem Lötkolben schmelzen und flickt das Loch in ein paar Minuten.
„Mutter läßt fragen, ob Ihr ein paar neue Stangen in ihren Regenschirm ziehen könntet", fragt Laura den anderen Kesselflicker.
„Sicher, mein Fräuleinchen. Aber du mußt ihn mir hierlassen."

Laura und Vinzenz sind seit dem Morgengrauen wach. Sie sind ganz zappelig, denn heute ist Markttag, und die Großeltern kommen, um Gemüse und Früchte von ihrem Bauernhof zu verkaufen. Heute abend dürfen die Kinder mit ihnen im Pferdewagen nach Hause mitfahren und ein paar Tage auf dem Hof verbringen.
Der große Markt ist eines der wichtigen Ereignisse im Jahr. Die ganze Umgebung trifft sich da. Lange im voraus plant ein jeder sein eigenes Vorhaben: Dies oder jenes Tier muß verkauft oder getauscht werden, ein anderes wird erworben, man muß unerläßliche Einkäufe für den Alltag machen. Es ist eine gute Gelegenheit, andere Menschen zu treffen. Die Leute kommen oft von weit her. Früh morgens haben sie sich im Sonntagsstaat auf den Weg gemacht, der eine zu Fuß, der andere auf dem Esel oder im Pferdewagen. Die Leute kommen an, gerade wenn der Markt eröffnet wird. Das ist der Augenblick, in dem man die besten Geschäfte macht. Viele haben so viel zu erledigen, daß sie bis zum Abend nicht fertig werden. Dann müssen sie übernachten, sei es im Stroh, im Schutze ihres Wagens oder im Wirtshaus, wenn man sich diese Ausgabe erlauben kann.
Laura und Vinzenz haben ihre Großmutter mitten unter den Verkaufsständen gefunden.
Der Markt ist groß, und man findet alles. Hier ist der Platz für das Getreide, das Holz und die Werkzeuge. Dort verkauft man junges Gemüse, da sind die Kleintiere: Schweine, Ziegen, Gänse, Truthähne… Etwas weiter weg sind die Kühe mit ihren Kälbern und die Pferde auf einer abgezäunten Wiese. Händler und Käufer verhandeln lautstark. Die einen preisen ihre Ware an, die anderen setzen sie herab und versuchen, die Preise zu drücken. Ist der Handel abgeschlossen, wird er mit einem kräftigen Handschlag besiegelt.

Ein Rückzieher ist nicht mehr möglich!
Woanders stehen Buden, in denen man Stoff verkauft, aber auch Unterwäsche, Geschirr, sogar Lebkuchen und Bonbons… Die Kneipen sind in Zelten untergebracht. Da wird kräftig gegessen und getrunken. Man erkennt sich von einem Tisch zum anderen, ruft herüber und tauscht Nachrichten aus. Man lacht und singt.
Plötzlich bricht eine Höllenmusik los. Sie übertönt das Stimmengewirr der Leute. „Ah so", sagt Großmutter, „der Quacksalber operiert wahrscheinlich wieder einen Kunden. Geht hin, Kinder, wenn ihr Mut habt…"
„Nein, o nein!" schreit Laura entsetzt.
„So ein Hasenfuß", spottet Vinzenz.
„Ich gehe ohne dich!"
Später kommt er ganz aufgeregt zurück. „Es ist mir gelungen, mich bis in die erste Reihe zu schmuggeln. Es war gar nicht leicht, weil so viele Leute dastanden."
„Hast du gesehen, wie er den Zahn gezogen hat?" fragt Laura mit etwas Neid in der Stimme.
„Natürlich! Er hat ihn nachher sogar gezeigt, als er die Zange emporhielt. Das war ein Backenzahn! Die Musikanten spielten so laut, daß ich nicht mal weiß, ob der Arme geschrien hat.
Dieser Quacksalber ist schon ein toller Mann! Großmutter, du solltest ihm seinen Universalbalsam abkaufen. Er sagt, es sei der einzige Balsam, der alle Krankheiten heilt: ‚frühere, gegenwärtige und zukünftige', so sagt er. Der Balsam besteht aus wunderbaren Pflanzen, die auf weiten Bergeshöhen gepflückt wurden, zehn Meilen vom Aufgang der Sonne entfernt!" Großmutter lächelt und nickt mit dem Kopf. „Oh, weißt du, eines Tages habe ich ihm – wie alle Leute – von seinem Lebenselixier etwas abgekauft. Dein Großvater hat mich ausgelacht, und wie! Aber ich habe immer noch ein Fläschchen davon zu Hause.

Der Mond schien, als sie gestern müde zurückkamen. Heute morgen ist Vinzenz schon lange auf den Beinen, als Laura endlich aufwacht. „Ich habe mit Großvater die Kühe gemolken", prahlt er, überzeugt, daß er die Schwester damit ärgern kann. „Schade, daß du noch geschlafen hast... Ich werde ihm jetzt beim Holz spalten helfen. Man muß das schöne Wetter ausnutzen."
Laura ist verstimmt. Sie antwortet ihm nicht und rennt in die Küche. Das ist der wichtigste Raum im Haus, wo alle sich aufhalten, wenn sie nicht draußen beschäftigt sind. Großmutter ist nicht da, aber auf dem Tisch steht eine große Tasse Milch, die sie Laura hingestellt hat. ‚Sie ist sicher im Gemüsegarten', denkt Laura, ‚oder füttert die Hasen. Morgen werde ich sie begleiten... Hier fühle ich mich wohl!'
Sie schaut sich um: Hier steht die ihr so vertraute Anrichte, auf der das gute Brot liegt, das Großmutter selbst bäckt, und wo die vollen Honig- und Marmeladegläser in Reih und Glied stehen; da der Geschirrschrank mit den Schlitzen, in die jeder seine Gabel und seinen Löffel steckt. Hier in der Küche finden auch die Mahlzeiten statt. Großvater duldet nicht, daß bei Tisch gesprochen wird. Man ißt schweigend, nur die alte Wanduhr tickt.
„Nun, hast du gut geschlafen?" fragt Großmutter, die zur Tür hereinkommt.
„Heute nacht habe ich Geräusche auf dem Speicher gehört", sagt Laura beunruhigt. Sie war aus dem Schlaf aufgefahren und hatte sich mit klopfendem Herzen unter der Decke versteckt.
„Das war sicher eine Eule oder eine Katze, die hinter den Mäusen her war. Komm, wir wollen mal sehen, ob sie Schaden angerichtet hat. Du wirst mir helfen, das Körnerfutter für die Hühner herunterzuholen."
Zum Speicher kommt man über eine enge und steile Holztreppe. Da oben riecht es gut nach Großmutters Kräutern, die sie zum Trocknen in kleinen Büscheln zusammenbindet und mit dem Kopf nach unten aufhängt. Sie kennt alle Geheimnisse der Pflanzen: Wo sie wachsen, wann man sie ernten muß, wie man sie aufbewahrt. Sie weiß auch, wie man sie benutzt: als Tee, um hohes Fieber zu senken oder Bauchweh zu lindern, als Pflaster für Bienenstiche und Verbrennungen...
Neben dem Hof wohnt Onkel Leonhard, Mamas

Bruder, mit seiner Frau Martha. Er arbeitet auf dem Feld mit dem Großvater und dem Knecht Ludwig. Martha geht Großmutter zur Hand. Sie besorgen zusammen den Haushalt, sorgen für die Tiere, backen das Brot, machen die Butter, den Käse, das Eingemachte und waschen die Wäsche. Es gibt wenig Wasser auf dem Hof. Man holt es aus dem Brunnen, Eimer für Eimer. Einmal in der Woche wird die Leibwäsche im Fluß am Eingang des Dorfes auf dem öffentlichen Waschplatz gewaschen. Die große Wäsche, also die Bettwäsche, die Tischdecken, Küchen- und Handtücher, findet zwei- bis dreimal im Jahr statt. Es ist eine harte Arbeit, die drei Tage dauert.

Man sortiert erst die Wäsche, die man einen ganzen Tag einweicht. Dann schaffen die Männer eine schwere Holzbütte auf einem Gestell herbei und legen deren Boden mit einer dicken Schicht Stroh aus, die das Abfließen des Wassers erleichtert. Die Wäsche wird Stück für Stück sorgfältig in der Bütte aufeinandergeschichtet, und damit sie gut riecht, legt Großmutter getrocknete Schwertlilienwurzel und Lorbeerblätter dazwischen. Wenn die Bütte voll ist, bedeckt man sie mit einem großen Tuch, auf das man die Holzasche von Nadelbäumen, Nußbäumen oder

vorzugsweise Eichen streut. Man nimmt keine Kastanienbaumasche, weil sie Flecken hinterläßt. Das Wasser wird in einem besonderen Heizkessel angeheizt. Sobald es zu kochen beginnt, nimmt die Wäscherin einen Behälter, schöpft von dem kochenden Wasser und schüttet es auf die Holzasche. Das Wasser dringt langsam durch die Wäsche und fließt durch die Abflußöffnung der

Bütte ab in eine Rinne, die die Lauge wieder in den Heizkessel führt. Dieser Arbeitsgang wird während acht bis zehn Stunden immer wiederholt. Am darauffolgenden Tag wird die Wäsche auf dem Handwagen bis zum öffentlichen Waschplatz des Dorfes am Fluß gefahren, um dort wieder eingeseift, gebürstet, geschlagen und kräftig gespült zu werden. Die Wäsche wird zuletzt in der Sonne ausgebreitet, entweder auf den Hecken oder auf den Wiesen. Bald ist die Wäsche trocken. Sie muß jetzt nur noch gebügelt und in den großen Schrank in der Wohnstube eingeräumt werden.

Großmutter verdient sich etwas Geld, auf das sie sehr stolz ist. Sie verkauft die Federn ihres Federviehs an die Bettfedernfabrik, mit denen Kopfkissen, Federbetten und Plumeaus gefüllt werden. Die größte Vorliebe hat Großmutter für ihre weißen Gänse. Ihr Fleisch ist vorzüglich, und ihre Federn lassen sich teuer verkaufen. Die Daunen sind leicht einzufärben und eignen sich besonders, um Kissen, Federbetten und Überwürfe zu füllen. Aber wenn man sie nicht richtig trocknen läßt, riechen sie nach Schimmel.

Von weitem hört man einen Trompetenstoß. „Ah, jetzt kommt der Alfons!" Großvater freut sich. „Vinzenz, hol schon einen Stuhl und einen Schemel, damit wir keine Zeit verlieren." Alfons ist der Barbier der ganzen Gegend. An jedem Wochenende macht er sich auf mit seinem Köfferchen auf dem Rücken, frisiert die Haarschöpfe weit im Umkreis und rasiert die Bärte. Die meisten Bauern fürchten sich etwas vor dem Rasiermesser, aber wenn der Sonntag kommt, wollen sie alle mit glattrasierter Haut glänzen. Unser Barbier rasiert „über den Daumen oder über den Löffel". Damit die Backe schön gespannt ist, steckt er den Daumen in den Mund seines Kunden… Manchmal hat er ihn vorher in Schnaps getaucht, das ist so üblich. Wenn er Kunden hat, die etwas empfindlich sind wie Großvater, nimmt er statt des Daumens einen Löffel…

„Das sind aber ein Paar schöne Zöpfe", sagt Alfons und läßt seine Schere schnattern.

„Mir ist, als müsse ich sie abschneiden…"

Mit einem Satz springt Laura zurück.

Vinzenz ist ganz aufgebracht. „Das müßte schon ein arger Bösewicht sein, der so etwas täte." Die Augen des Barbiers sind voller Schalk. „Keine Sorge, mein Junge, ich bin nicht im Zopfhandel."

„Im Zopfhandel?"

„Na ja, das Handeln mit Haar ist eine Industrie geworden, die den Händlern viel Geld einbringt. Sind dir diese Scherer nie auf dem Markt oder auf der Kirmes aufgefallen?"

„Nein… Lassen sich die Frauen und Kinder einfach scheren?"

„Oh, mit frohem Herzen tun sie es bestimmt nicht. Aber die Ärmsten, die ein hübsches geblümtes Tuch begehren, ein Stück Stoff oder irgendein Kinkerlitzchen, das der Händler ihnen vorgaukelt, die lassen sich schon verführen, ihre Haare dafür einzutauschen. Die Bauersfrau zögert, dann sagt sie sich: „Ach, meine Haube bedeckt meinen ganzen Kopf, niemand wird es erfahren…" Sie fängt an, die Bedingungen des Tausches auszuhandeln, und versucht gleichzeitig, so viele Haare auf dem Kopf zu behalten wie möglich. Der Händler ist einverstanden. Aber er redet weiter auf sie ein, lenkt sie ab und mit einem schnellen Scherenschnitt schneidet er ihr die größte Menge Haare ganz nah an der Kopfhaut ab…"

„Und was geschieht mit diesen Haaren?" fragt Laura.

„Aus denen werden Perücken und falsche Haarteile, Toupets, gemacht… Schöne Damen sticken sogar damit. Die Nachfrage ist groß. Der Preis richtet sich nach der Qualität, der Feinheit und der Farbe. Weiße Haare und so schöne blonde wie deine sind sehr gesucht. Dagegen taugen Männerhaare nichts. Kein Händler würde sie kaufen…"

Großmutter, machst du heute Besorgungen?“ will Laura wissen. „Wir könnten mitkommen.“
„Wenn ihr Lust habt, Kinder! Ich richte den Einkaufskorb und die Ölflasche, denn ich hab kaum noch welches.“
Großmutter weiß natürlich, warum die Kinder Besorgungen machen wollen. Der Krämerladen ist so anziehend. Man kann nur davon träumen, wenn man die Auslage gesehen hat mit den großen Glasbehältern voller bunter Bonbons, Pfefferminz, Lakritze und Lutschstangen. Sobald die Kinder einen Pfennig in der Tasche haben, stürzen sie zu den Ruhms, um etwas Süßes zu kaufen. Dort finden sie auch ihre Murmeln, die bunten Bleistifte und Schnur für ihre Drachen.
Im Krämerladen findet man alles. Frau Ruhm kennt sich aus in ihrem Krimskrams, und sie hat die seltene Gabe, alles wiederzufinden, was der Kunde braucht: Schnürsenkel, Knöpfe, Petroleum für die Lampen, Töpfe und Staubwedel, Tee, Gewürze. Die Wände sind bis zur Decke mit Regalen und Schubläden verstellt voller Kakaobüchsen, Pyramiden von Seife, Salz, Sirup, Steinkrügen mit Senf und Melasse und großen Zuckerhüten, die man mit einem kleinen Beil zerteilt, um die gewünschte Menge zu erhalten.
Die Waren werden stückweise verkauft, nach Gewicht oder Maß. Sie werden Frau Ruhm in Kisten oder großen Jutesäcken geliefert. Der Kaffee kommt grün ins Haus und ist noch ungebrannt. Jeden Tag macht Herr Ruhm frischen Kaffee in der Kaffeeröstmaschine, und der gute Geruch verbreitet sich überall, bis auf die Straße.
Der Krämerladen ist auch bekannt als ein beliebter Treffpunkt, wo die Frauen ein Schwätzchen halten. Ruhms haben nie Eile. Sie lieben es, Zeit zu haben, um die letzte Neuigkeit zu hören, die bald im ganzen Dorf im Umlauf sein wird…

Vinzenz kommt hinkend zur Großmutter. „Weißt du, Großmutter, meine Holzschuhe drücken mich. Ich glaube, sie werden mir zu klein."
„Du hast recht, die letzten Monate bist du sehr gewachsen. Ich meine, wir sollten zu Tönje gehen, um ein neues Paar zu kaufen. Vielleicht kann Markus mit dir gehen."
‚Na, das nennt man Glück haben', denkt Vinzenz. Markus ist der Sohn des Bauern von nebenan und ein guter Freund. Wenn er nicht in der Schule ist, arbeitet er immer auf dem Hof. Markus freut sich bestimmt über die unverhoffte Freizeit...
Tönje, der Holzschuhmacher, hat seine Werkstatt am anderen Ende des Dorfes. Seine Familie lebt schon seit Generationen vom Holz. Schon sein Großvater war Holzschuhmacher. Er hat ihn gelehrt, die Harze der Bäume zu schätzen, zu beurteilen, wieviel Scheite Holz ein Baum gibt, die Jahreszeit zu bestimmen, in der die Bäume gefällt werden müssen, je nach dem Stand des Mondes und der Winde. Damals arbeitete die ganze Familie im Wald. Die einen schnitten das Holz zurecht, während die anderen die Holzschuhe anfertigten. Sie lebten in Erd- und Laubhütten, die sie dort am Ort, wo sie Bäume fällten, errichteten.
Mit zwanzig hatte Tönje seine Gesellenzeit begonnen und war durch ganz Deutschland gewandert. Als er zurückkam, ließ er sich im Dorf nieder. Seitdem macht er Holzschuhe für alle Füße der Umgebung.
Zwei seiner Söhne arbeiten mit ihm. Sie teilen sich die Arbeit auf. Der Vater bearbeitet die Holzscheite mit der Axt und dem Ziehmesser und gibt ihnen die äußere Form eines Holzschuhs. Sein Jüngster höhlt den Schuh mit einem Löffelholz aus, und Peter, der Älteste, bearbeitet ihn mit dem Schabeeisen, bis er glatt ist. Er bemalt und verziert die Holzschuhe und bringt feine Ziselierarbeiten an, je nach dem Geschmack seiner Kunden.
„Guten Tag, Herr Tönje. Ich bringe Ihnen den Vinzenz. Er braucht neue Holzschuhe", sagt Markus laut, der mächtig stolz auf seinen Auftrag ist.
„Tatsächlich, es ist dringend", sagt der Holzschuhmacher, als er die Schuhe von Vinzenz sieht.
Was gibt es hier Praktischeres als einen Holzschuh? Er fürchtet weder Schnee noch Regen noch

Dreck. Wenn man ihn mit Stroh ausstopft, schützt er die Füße vor Feuchtigkeit und hält sie warm. Auf steinigen Straßen nützt er sich schnell ab, aber dafür ist er so billig.
„Probier mal an", sagt der Handwerker. „Sie sind aus Buchenholz und sollten dir passen. Es sei denn, daß du Weidenholz vorziehst wie deine Großmutter?"
„Nein, kein Weidenholz", entscheidet Markus. „Das Holz ist zu weich. Der Kies auf der Straße gräbt sich in die Sohle ein, dann kann man im Winter nicht mehr auf die Eisbahn zum Rutschen..."
„Du bist ein Kenner", sagt Peter anerkennend. „Wir gingen immer auf den Kreuzweiher. Wie kam ich da zurück? Kaputte Holzschuhe, zerrissener Hosenboden... und beim Nachhausekommen noch den Hintern versohlt."
Markus drängt es nicht, zum Hof zurückzukehren. „Komm wir nehmen den Weg am Bach entlang. Vielleicht können wir ein paar Forellen fangen." Markus kennt alle ihre Verstecke. Ganz langsam gleitet seine Hand unter die Felsen und fängt die Fische mit großer Geschicklichkeit. Doch der Feldhüter lauert...
„Nachher gehen wir Alois besuchen. Letzthin habe ich ihm geholfen, sein Holz aufzustapeln, dafür hat er mir einen Kreisel versprochen, einen ganz guten aus allerhärtestem Nußbaumholz. Was der alles auf seiner Drechslerbank herstellt, das ist toll. Er ist ein ausgezeichneter Drechsler."
„Ich weiß", sagt Vinzenz. „Mein Vater kennt ihn gut. Er geht oft zu ihm und kauft ihm kleine Gegenstände ab wie Eierbecher, Salzstreuer oder Klöppel für die Spitzenklöppelei."
Markus nickt verständnisvoll mit dem Kopf, als sei er ein Kenner. „Wenn du das Spinnrad sehen könntest, das er für meine Mutter angefertigt hat! – Er drechselt auch viele Schüsseln und Schalen, Nudelhölzer, sogar Blasrohre und diese schönen Geschicklichkeitsspiele und Kegel. Wie er immer sagt: ‚Ich verbinde das Angenehme mit dem Nützlichen'. Seine Frau verkauft die Sachen auf dem Markt, denn dafür ist er nicht geeignet. Ich mag ihn gern, den Alois, er ist ein richtiger Künstler."

Los Kinder, rein in den Wagen, wir fahren zur Mühle!“ ruft Onkel Leonhard. Das braucht er nicht zweimal zu sagen.
Onkel Leonhard nimmt den Weg, der durch die Reben bis zur Hochebene führt. Von dort sehen sie die Mühle und den Schäfer Thomas mit seiner Herde. Sobald es schönes Wetter wird, verläßt er den Schafstall und führt die Herde auf die Weide.
„Wie gerne würde ich in seinem kleinen Schäferhäuschen leben“, seufzt Vinzenz.
„Diese Hütte auf Rädern ist eher primitiv“, sagt Onkel Leonhard. „Um hineinzukommen und sich aufs Stroh zu legen, kann man nur auf allen vieren vorwärts oder rückwärts kriechen. Als ich noch ein Junge war, träumte ich davon, Schäfer zu werden. Mein Großvater, der sehr schlau war, ließ mich eines Tages mit der Herde des Dorfes ziehen. Glaubt mir, ich habe sehr schnell verstanden, daß sich nicht jeder eignet, Schäfer zu werden. Man muß ganz schön robust sein und so viele Dinge wissen: unentwegt die Tiere hüten, sie füttern, sie tränken, gute Weiden finden, sie im Frühjahr scheren, den Mutterschafen helfen, wenn sie ihre Lämmer werfen, sie pflegen, wenn sie krank sind oder einen Unfall haben … Thomas ist ein Meister darin, wie er seine Tiere führt. Sein Hund versteht ihn ohne viel Worte. Eine Bewegung, ein Ruf, ein Schnalzen mit der Zunge oder mit den Fingern, und schon holt der Hund das Schaf ein, das sich von der Herde entfernen wollte.“
Der Müller steht auf dem Steg vor dem Eingang seiner Mühle und beobachtet die Wolken. Es gilt

aufzupassen, ob der Wind sich dreht, um im gegebenen Fall die Richtung der Mühle zu ändern. Er hat Onkel Leonhards Wagen entdeckt. „Na, Leonhard, hast du Arbeit für mich?“ ruft er ihm fröhlich zu.
Die Stute wird angebunden, der schwere Kornsack abgeladen, und schon steigen sie ins Innere der Mühle. Das Mehl fliegt in der Luft herum und bedeckt alles mit einer dünnen weißen Schicht. „Ich werde dir was Gutes mahlen“, sagt der Müller. Gestern erst habe ich meine Mühlsteine geschliffen.“
Der Onkel erklärt den Kindern, wie die Mühle arbeitet. „Wenn sich die Flügel drehen, dreht sich auch das hölzerne Kegelrad im Innern und damit der Mühlstein. Er zerquetscht, zerdrückt und zerreißt die Körner. Unter dem Bockgerüst liegen Mühlsteine zum Auswechseln. Der Müller muß mehrere davon haben, weil sie alle sechs Tage geschliffen werden müssen, sonst mahlt die Mühle nicht. Der Müller hat einen Knecht, der nichts anderes tut, als die Steine in Ordnung zu halten. Der untere Mühlstein liegt immer still, das ist der Bodenstein. Der andere, der auf ihm liegt, der Läufer, dreht sich.“

„Warum sind solche Furchen auf der Oberfläche?“ fragt Laura. „Um die Körner zu führen, sonst bleiben sie auf einem Haufen liegen. Die Furchen werden immer wieder mit einer Spitzhacke vertieft, damit sie das Mehl besser auswerfen. Der Müller füllt das Korn in den Trichter in der Mitte, ins Auge. Er stellt den Gang ein.“
Vinzenz schaut, wie das Mehl in den Sack gefüllt wird. Auf der einen Seite kommt das Mehl heraus, auf der anderen, durch ein Sieb vom Mehl getrennt, die Kleie.
„Hast du meinen schönen Kleiekotzer gesehen?“ fragt der Müller Vinzenz. „Es heißt, daß er das Mehl schützt und die bösen Geister vertreibt.“
Plötzlich erklingt ein Glöckchen und unterbricht jäh den Müller. „Was ist denn los?“ Vinzenz ist etwas beunruhigt.
„Sicher ein böser Geist“, prustet der Müller los. „Sehr schlau sogar… weil es mein Alarmsystem ist. Es klingelt, wenn kein Korn mehr im Trichter ist. Die Mahlsteine dürfen nicht mehr laufen, sie laufen sonst heiß. Ein Funken nur… und die Mühle würde abbrennen. Wenn also die Glocke erklingt, beeile ich mich, Korn nachzuschütten.“

Das Leben ist manchmal recht hart", sagt Großmutter leise und schaut der alten Bettlerin nach. Jeder kennt sie im Dorf. Sie gehört zu den armen Leuten, die ziellos umherirren und von der Barmherzigkeit anderer Leute leben. Manche kommen nur einmal vorbei, andere erscheinen regelmäßig, bitten um ein Almosen oder eine Bleibe für die Nacht. Wer sie auch sein mögen, sie können vertrauensvoll an die Tür klopfen, keiner wird sie abweisen. Selbst wenn man nicht sehr reich ist, man hat immer einen Teller Suppe oder ein Stück Brot, das man ihnen anbieten kann, und sicher auch eine Ecke in der Scheune, wo sie schlafen können.

Man kennt den Wert der Dinge. Nichts wird weggeworfen, alles kann noch verwendet werden und dient lange Zeit. Ein verblichenes Kleidungsstück wird neu gefärbt, gewendet und der Mode angepaßt. Man flickt, trennt die Stoffstücke auseinander, wendet sie und schneidet neu zu. Der Rock wird zum Hemd, und die Hose, die einmal neu gekauft wurde für den ältesten Sohn, endet als kurze Hose auf den Schenkeln des Jüngsten. Und wenn man gar nichts mehr damit anfangen kann, überläßt man die alten Kleider dem Lumpensammler.

Der alte Bussard kommt zwei- oder dreimal im Jahr vorbei. „Haderlumpen, Haderlumpen", hört man ihn von weitem rufen. Großmutter winkt ihn herbei. Sie will Hasenfelle verkaufen, die sie mit dem Haarkleid nach innen in der Scheune auf einer biegsamen Gerte zum Trocknen aufgehängt hat.

Der Lumpensammler ist hart im Handeln.

„Na, zeigt mal her." Er zupft am Fell und reißt ein tüchtiges Büschel Haare heraus. „Nichts sind sie wert, Eure Felle! Schaut mal selbst, sie haaren ja..."

„Sicher nicht! Das ist gutes Winterfell. Seht, wie weiß es ist. Wieviel bietet Ihr für die alten Kleider und die Felle zusammen?"

„Nicht viel, nicht viel. Zur Zeit sind die Kürschner nicht sehr freigiebig. Sie erzählen uns, daß die feinen Damen Fuchsfelle vorziehen."

„Potzblitz, seit zwanzig Jahren wollen sie keine Hasenfelle mehr", sagt Großmutter spöttisch und zuckt mit den Achseln.

Der Lumpensammler murrt etwas, gibt aber Großmutter doch etwas Geld. „Auf bald, Frau", sagt er. Er läuft neben seinen Hunden, denn der Karren ist überladen. Die Tiere würden zu erschöpft sein, wenn er selbst noch aufstiege.

Er ist nicht der einzige, der ein solches Gespann hat. Der Hundekarren ist ein billiges Transportmittel, das alle einfachen Leute benutzen.

Morgen kehren die Kinder nach Hause zurück. Großmutter hat gepackt und den Proviantkorb gefüllt. Man kommt nie mit leeren Händen vom Hof zurück.

Nach dem Abendessen bleiben sie zusammen beim Kachelofen in dem Zimmer neben der Küche. Großvater sitzt gerne da, um zu basteln. Er findet, daß diese Arbeit ihn nach der Feldarbeit entspannt. Er hat immer etwas zu werkeln, ob er an seinem Spazierstock schnitzt, einen Korb flickt, ein Werkzeug repariert oder einen neuen Bienenkorb flicht. Heute abend sitzt er an seiner Heinzelbank und gibt einem Taubenschlag den letzten Schliff. Vinzenz ist ihm beim Zusammensetzen der Teile behilflich.

Großmutter strickt und redet mit ihrer Enkelin Laura. „In deinem Buch stehen sicher schöne Geschichten?" fragt sie.

„O ja", antwortet Laura, „aber die Geschichten, die du mir erzählst, sind mir tausendmal lieber." Großmutter lächelt.

„Weißt du, das sind Legenden aus alten Zeiten, über die ich sinne, wie es schon alle meine Vorfahren taten. In unserer Gegend sind die Erzähler immer sehr geschätzt worden. Sie wurden überallhin eingeladen und mit Freuden empfangen, weil man für ein paar Stunden seine Sorgen vergessen und träumen konnte.

Ich habe viele gute Erzähler gekannt, aber keiner kam dem alten Sennberg meiner Kindheit gleich. Wir waren überglücklich, wenn er zu unseren langen Abenden kam. Er führte uns in eine Märchenwelt, in der wir Nymphen, Kobolden, Dämonen, sprechenden Tieren, Riesen und Drachen begegneten. Die Erzählung nahm uns ganz gefangen, wir lachten und bangten und erlebten alle Abenteuer mit.

Er war ein merkwürdiger Kerl, geheimnisvoll und faszinierend. Manche im Dorf mißtrauten ihm und meinten, er könne hexen, kenne den Teufel und spräche mit Feen. Und ich war so gutgläubig, daß ich ihm alles abnahm!"

Die Bärentreiber sind da, die Bärentreiber sind da! Komm Laura, komm schnell. Die Zigeuner ziehen vorbei, sie haben einen Affen und eine Ziege, die viele Kunststücke kann!"
In dem Hof des alten Marktes stehen die Zuschauer um die kleine Truppe herum. Zwei Bären tanzen auf ihren Hinterbeinen und wackeln mit dem Kopf zum Rhythmus der Tamburins. Wie sind die komisch! Die dressierte Ziege ist ein Wunder im Gleichgewichthalten, wenn sie da oben auf ihrem Schemel steht. Die Leute lachen und wundern sich. Jung und alt genießt das unverhoffte Vergnügen und spendet ein paar Pfennige am Ende der Vorführung.
Am Abend wird viel geschnattert. Die Kinder müssen immer wieder von der Aufführung erzählen. „Mir haben die Bären etwas Angst gemacht", sagt Laura. „Papa, weißt du, wie man diese Tiere dressiert?"
„Ja, das ist eine lange Arbeit und recht grausam für die Tiere. Man fängt die Bären, wenn sie ganz jung sind, und zieht ihnen einen Ring durch die Nase. Dann beginnt die Dressur. Der Meister läßt die Tiere auf einer sehr heißen Platte laufen, schwingt einen Stock und spielt das Tamburin. Der Bär möchte sich nicht verbrennen, deshalb hebt er eine Tatze nach der anderen. Auf diese Weise lernt er das Tanzen."
„Das ist ja sehr traurig", flüstert Laura. „Woher weißt du das, Vater? Kennst du sie denn gut, die Zigeuner?"
„Ja, ich begegne ihnen oft auf meiner Tour. Sie haben mir mehrfach ihre Gastfreundschaft angeboten. Sie reisen in Wohnwagen, die von einem oder zwei Pferden gezogen werden. Manche Zigeuner besitzen einen Esel, der das Zelt und die verschiedenen Gegenstände trägt. Gewöhnlich schlagen sie ihr Lager bei einer Kreuzung auf, bei einem Fluß oder an einem Waldrand.
Im Wohnwagen geht es einfach zu: ein Bett, auf dem sich Decken und Federbetten auftürmen, ein Buffet, ein Ofen, ein Teppich und eine Gebetsecke voller frommer Gegenstände, Kerzen und Heiligenbilder. Es gibt wenig Platz, um Hab und Gut unterzubringen.
Die Zigeuner leben gerne draußen. Sie wollen ungebunden sein und benutzen jede Gelegenheit, um unter freiem Himmel zu schlafen."
„Reisen sie denn immer weiter?" fragt Vinzenz.
„Manchmal. Sie sind ein ewiges Wandervolk. Die ersten Zigeuner verließen Indien vor etwa neunhundert Jahren. Später hielten sie sich in Persien und Griechenland auf. Einige Stämme, die durch Ägypten zogen, durchquerten Nordafrika und kamen nach Spanien und Südfrankreich. Die Vorfahren der Zigeuner, die ihr heute morgen gesehen habt, ließen sich vor etwa fünfhundert Jahren in Mitteleuropa nieder.
Die Zigeuner sind auch unter anderen Namen bekannt. Man spricht von Ägyptern, Tziganen, böhmischen Zigeunern, Roma, Sinti oder Manoschen, das heißt ‚echte Männer' in ihrer Sprache. Die Zigeuner halten zusammen, denn der Stamm und die Familie sind ihnen heilig. Sie haben ihre eigene Sprache. Manche von ihnen können nicht schreiben. Aber sie finden immer Mittel und Wege, sich verschlüsselte Botschaften zu übermitteln."
„Wie machen sie denn das?" fragen die Kinder.
„Sie benutzen das, was sie auf ihrem Weg finden, ritzen irgendwo etwas ein, machen eine Zeichnung. Sie hinterlassen diese Zeichen unauffällig längs einer Straße, die sie entlanggehen, oder auf dem Platz, wo sie gelagert haben. Das kann ein roter Faden sein, der an den Ast eines Weidenbaums gebunden ist und die Geburt eines Jungen mitteilt, so wie ein weißer die Ankunft eines Mädchens meldet. Ein paar Stoffetzen, die hier und dort aufgehängt sind, zeigen den Weg an, den der Stamm genommen hat. Ein eingeritztes Kreuz an einem Baumstamm oder einem Meilenstein in der Nähe eines Dorfes bedeutet: Hier gibt man nichts; ein Kreis: Hier ist man großzügig. Es gibt noch viele andere Zeichen, von denen jedes seine eigene Bedeutung hat. Sie entgehen dem Auge eines Fremden, aber nie dem eines Zigeuners.

Ein geheimnisvolles Volk sind diese Zigeuner! Ihre dunkle Haut, ihre Lebensart, ihre Kleidung, ihre Bräuche, die mit unseren nichts gemeinsam haben, geben Anlaß zu vielen Geschichten, die in den Leuten die Neugierde wecken, aber auch das Mißtrauen. Richtig ist, daß man den Zigeunern nachsagt, daß sie gerne stiebitzen und, ohne mit der Wimper zu zucken, einen gutgläubigen Menschen übers Ohr hauen."

„Aber was für Berufe üben sie denn aus?" fragt Vinzenz. „Sind sie denn alle Bärentreiber?"

„Aber nein. Sie machen ganz unterschiedliche Arbeiten. Doch leben sie auch oft vom Betteln. Wer hat nicht schon eine dieser Zigeunermütter angetroffen, die ihr Kind auf dem Rücken trägt und die Hand nach einem Almosen ausstreckt: ‚Etwas Milch, ein Stückchen Brot für meinen Sohn, der hungrig ist. Es wird Euch Glück bringen. Gott vergelt's!'

Die Frauen sind oft gute Wahrsagerinnen. Ja, sie sagen dir die Zukunft voraus. Sie lesen dir aus der Hand oder legen denen die Karten, die etwas über ihr Schicksal wissen wollen.

Die Männer üben verschiedene Berufe aus wie Schmieden und Kesselflicken. Viele von ihnen stellen Korbwaren her, bespannen Stühle mit neuem Korbgeflecht oder flechten Körbe aus Weiden, die ihre Frauen den Bauern auf dem Markt verkaufen. Zigeuner sind ausgezeichnete Pferdehändler. Aber man erzählt auch, daß manche tausend Tricks kennen, um die Vierbeiner als etwas besseres auszugeben, als sie sind. Und mancher vermag wohl ein hinkendes Pferd in ein Rennpferd zu verwandeln.

Aber was der Zigeuner auch immer sein mag, er ist vor allem ein Musiker. Sein Lieblingsinstrument ist die Geige. Es heißt sogar, daß sie seine Seele sei. Aus dem Gefühl heraus vermag er dem Instrument wundervolle Töne zu entlocken oder den Gesang von Kanarienvögeln und Nachtigallen nachzuahmen. Die Zigeunermusik ist weltberühmt.

Ein Abend ist mir in Erinnerung geblieben. Eine Familie hatte mich aufgenommen. Die ganze Sippe war um das Lagerfeuer versammelt, als ein Mann eine der schönsten Legenden seines Volkes zu erzählen begann. Ein Zigeuner zog seine Violine heraus und fing an zu spielen. Bei den ersten Tönen begannen die Frauen und Mädchen zu tanzen. Was war das für ein herrlicher Abend, das Lachen und Singen erklang bis tief in die Nacht!

Joseph Haas ist heute morgen früh aufgestanden, denn er hat sich mit der Matratzenfrau verabredet. Sie treffen sich im Morsbrenner-Hof, wo sie die Matratzen erneuern soll. Wenn Mutter Leonhard einen Auftrag erhält, nimmt sie ihr ganzes Handwerkszeug mit und geht zu den Kunden nach Hause. Sie fertigt an Ort und Stelle neue Matratzen an oder arbeitet sie auf, wenn sie ihre Spannkraft verloren haben.
Als Joseph ankommt, ist sie schon bei der Arbeit. Ihr Gehilfe sitzt rittlings auf der Zupf- und Rupfmaschine. Die verschlungenen Wollfäden der Matratzenwolle müssen entwirrt werden, damit sie ihre ursprüngliche Geschmeidigkeit wiedererhalten. Diese Arbeit ist unerläßlich. Die Wolle würde sich auf die Dauer auflösen, wenn man sie nicht zupfen, streichen und ab und zu lüften würde. Mutter Leonhard ist eine energische Frau, autoritär und anspruchsvoll. „Haas", hat sie letzthin zu Joseph gesagt, „du scheinst ehrlich zu sein. Deine Preise interessieren mich. Für die Kunden, die ich beliefere, kommt nur Qualitätsware in Betracht. Außerdem: größte Gewissenhaftigkeit!"
Joseph hat Mutter Leonhard überzeugt. Seine Ware hat er mit Sorgfalt ausgesucht, denn es kommt Haas darauf an, sie zufriedenzustellen. Glücklicherweise sagt ihr der vorgeschlagene Stoff zu. Sie hat ihm sogar einen neuen Auftrag gegeben. Der Handel mit dem Traggestell ist schwer. Wie oft muß Haas von Haus zu Haus, bevor er einen Kupon Stoff, einige Taschentücher oder ein paar kleine Gegenstände verkauft. Außerdem zahlen wenige Leute den ganzen Betrag sofort. Man muß die nächste Tour abwarten, sogar ein bis zwei Jahre, bevor manche ihre Schulden bezahlen. Heutzutage, denkt Joseph, muß ein Hausierer das Angebot mehrerer Geschäftshäuser mit sich führen, wenn er seine Kundschaft erweitern will.
Er muß Kataloge und Muster zur Hand haben und neue Lieferwege ausfindig machen, damit seine Ware schnell zu den Kunden kommt. Doch Joseph ist guten Muts. Die verschiedenen Anstrengungen, die er seit einiger Zeit unternommen hat, tragen ihre Früchte. Aber die Trage langt nicht mehr. Joseph will mit Melanie ausrechnen, ob es eine Möglichkeit gibt, einen Wagen zu kaufen.

Als Joseph Melanie geheiratet hat, waren seine Einkünfte sehr bescheiden, so daß Melanie sich eine Arbeit suchen mußte. Zuerst war sie für die Wäsche verantwortlich in einem Bürgerhaus, dann Büglerin in einer großen Wäscherei. Als Laura geboren wurde, hatte sie versucht, zu Hause zu bleiben und mit Heimarbeit etwas Geld zu verdienen.
Viele Frauen arbeiten zu Hause. Firmen, die Kleidung und Wäsche herstellen, beschäftigen Näherinnen, Spitzenklöpplerinnen, Hutmacherinnen und Handschuhmacherinnen. Andere Frauen fertigen Nippsachen an, Modeschmuck oder künstliche Blumen.
Melanie arbeitet seit einigen Jahren für Herrn Sylvester, einen kleinen Spielzeughersteller, der für ein paar Pfennige lustiges Spielzeug aus Blech, Holz oder Pappe macht, das Melanie zusammensetzt oder anmalt. Sie fügt auch Geduldsspiele zusammen und färbt Glasplatten der Laterna magica. Manchmal hilft sie auch der Frau des Fabrikanten bei der Herstellung von Puppenaussteuer.
Erfinden, etwas Neues herstellen gehört zu Herrn Sylvesters großen Freuden. Er ist immer auf der Suche nach Ideen, um neue kleine Gegenstände zu fabrizieren oder kostbares Spielzeug auszutüfteln. Mit Geduld und Liebe baut er Lokomotiven, Dampfschiffe und fliegende Maschinen nach. Vinzenz ist sein glühendster Bewunderer. Als die Kinder in die Werkstatt kommen, ist der Handwerksmeister entzückt, daß er ihnen seine jüngsten Schöpfungen zeigen kann.
„Nun, was sagt ihr zu diesem Luftschiff", fragt er Vinzenz und ist auf seine Reaktion erpicht.
„Das ist wunderbar, Herr Sylvester. Man könnte meinen, es flöge weg."
„Siehst du das andere Luftschiff? Das dient als Gegengewicht", erklärt der alte Mann, indem er an einer kleinen Kurbel dreht. „Schau gut zu, der Propeller wird sich drehen und das ganze Karussell in Fahrt setzen."

Vinzenz Begeisterung kennt keine Grenzen. Laura mag lieber mit den Puppen vor sich hin träumen. Frau Sylvester repariert sie mit viel Geschick. Schlaffe Arme und Beine werden mit Eisendraht wieder festgemacht, Haare eingeklebt, zerrissene Leiber zusammengenäht. Frau Sylvester klebt und wechselt kaputte Glasaugen aus. Sie hat viele Sorten davon, größere und kleinere, von Himmelblau bis zu dunkelstem Braun. Es gibt festsitzende Augen, die unbeweglich sind, andere mit einer Schaukeleinrichtung schließen sich, wenn man die Puppe hinlegt.

„Diese da ist wirklich wunderschön", seufzt Laura und schaut entzückt auf die Puppe, die Frau Sylvester in den Händen hält.

„Ich freue mich, daß sie dir gefällt. Sie ist mir in Auftrag gegeben worden, und eben ist sie fertig. Ich muß zugeben, daß ich sehr stolz auf sie bin."

Wenn sie kann, stellt Frau Sylvester ihre eigenen Modelle her, aber sie kauft auch Puppenköpfe in einem kleinen Unternehmen, das seine Waren in der ganzen Welt vertreibt. Diese Puppen sind alle aufs sorgfältigste nach der neuesten Mode frisiert und angezogen. Leider sind sie furchtbar teuer.

Die Spielsachen sind inzwischen so vielfältig geworden, daß sie eine Reihe von Handwerkern ernähren. In gewissen Gebirgsgegenden gibt es viele Holzschnitzer, die sich auf die Herstellung von volkstümlichem und billigem Spielzeug spezialisiert haben: Rätschen, Hampelmänner, bewegliche Hasen, Pferde auf Rollen, Tiere aus dem Geflügelhof und dem Schafstall, ein Dutzend in einer Schachtel, werden in der Zeit vor Neujahr verkauft und stammen meistens aus den Werkstätten dieser kleinen Fabrikanten. Das Spielzeug wird oft in der Winterzeit hergestellt. Nach der Schneeschmelze nehmen es die Hausierer bereits wieder mit und verkaufen es im ganzen Land.

Diese Gegenden sind Joseph wohlbekannt. Dort hat er seine ganze Jugend verbracht. Mit vierzehn Jahren trug er seine erste Trage und verkaufte die Erzeugnisse dieser Handwerker. Natürlich gab es viel Spielzeug, aber auch religiöse Schnitzereien, Krippenfiguren, Kuckucks- und Wanduhren.

Auf dem Weg zu Franz Vogel, einem Uhrmacher in dieser Gegend, war ihm sein schrecklichstes Mißgeschick widerfahren. Die Nacht hatte ihn überrascht, und er hatte in einer Scheune Zuflucht gesucht. Die Anwesenheit eines Mannes, den er im Stroh liegen sah, hatte ihn nicht weiter beunruhigt. Er war völlig erschöpft und sofort eingeschlafen. Bei Tagesanbruch war sein Geld und ein Teil seiner Ware verschwunden ... der Mann auch. Völlig gebrochen kam er bei Meister Vogel an.

„Mein armer Haas", sagte ihm der Uhrmacher, „du bist das Opfer eines Landstreichers geworden oder eines bösen Kollegen. Alle sind nicht ehrlich. Letzthin haben die Gendarmen einen Hausierer verhaftet, der eingeschmuggelte Streichhölzer und andere gefälschte Fabrikate in seiner doppelbödigen Kiste zu verbergen suchte. Aber deswegen gleich die Leute auszuplündern?"

Vogel war bekümmert. „Ich vertraue dir, Haas", sagte er. „Mach dir keine Sorgen wegen des Geldes. Nimm mir ein paar Wanduhren ab. Sie sind hübsch verziert und spielen eine Melodie. Sie müßten dir gefallen. Deine Schulden bezahlst

du das nächste Mal. Geh auch zu Raimund, sag ihm, daß ich dich schicke. Seine Pfeifen und seine Nußknacker nehmen nicht viel Platz weg, und sie sind leichter als meine Uhren. Er wird dir die Ware auch auf Kredit geben."

Das munterte Joseph wieder auf. Er setzte seinen Weg fort. Doch vergaß er dieses Abenteuer nie.

Laura ist hingerissen. Die Lehrerin hat sie für ihr gutes Verhalten gelobt und hat ihr ein Fleißkärtchen als Belohnung gegeben. „Wenn du bei unserem Lehrer wärst, würdest du schon sehen…“, murmelt etwas neidisch Vinzenz. „Der teilt nur Strafen aus. Und die Tatzenhiebe auf die Finger! Er sieht alles, hört alles… Du brauchst nur etwas zu schwatzen oder deine Lektion nicht gut zu können, schon mußt du nachsitzen…“

Laura zuckt wegwerfend mit den Schultern. „Klar, für deine Sorgfalt bekommst du bestimmt keine Anerkennung“, spottet sie und schaut auf die mit Tinte verschmierten Finger ihres Bruders. Ah! diese lila Tinte… Man hat sie immer auf den Fingern und als Flecken auf Heft und Kittel. Etwas Schmutz in der Tinte, die schlecht abgetropfte Feder ungeschickt auf das Papier gedrückt, und schon haben wir die Bescherung! Vinzenz kann das nicht ausstehen! Seine Schwester weiß es nur zu gut…

Laura besucht nicht dieselbe Schule wie Vinzenz. Die Mädchen- und die Jungenschule sind getrennt. Jeden Morgen geht jeder für sich zu seinen Kameraden und freut sich, daß er noch etwas mit ihnen spielen kann, bevor er in den Klassenraum muß. Wenn die Pfeife ertönt, hören mit einem Schlag die Spiele und das Schreien auf. Schweigend reihen sich die Schüler zu zweit ein. Der Lehrer kontrolliert, ob sie schnurgerade in einer Linie stehen. Darauf begutachtet er die Sauberkeit der Hände, der Nägel und der Schuhe. Es ist schon ratsam, tadellos in Ordnung zu sein… Die Schmutzfinken werden hart getadelt, zum Brunnen geschickt und müssen auf die Pause verzichten.

Der Lehrer ist streng und unnachgiebig in der Arbeit und in der Disziplin. Er ist nicht böse. Die Kinder betrachten ihn mit einer Mischung aus Furcht, Achtung und Bewunderung, denn er weiß so viele Dinge!

Um zwölf Uhr gehen Laura und Vinzenz nach Hause zum Mittagessen. Die Bauernkinder haben es meist nicht so gut. Sie wohnen viel zu weit weg. Morgens gehen sie früh von zu Hause fort mit viel zu viel Proviant in ihren Tornistern, in die sie auch ihre Bücher, Hefte, Federkästen und Schiefertafeln stopfen. Wenn der Schultag zu Ende ist, hüten sie zu Hause das Vieh bis zum Eintritt der Dämmerung. Die Fleißigsten nehmen ihre Schulbücher mit. Doch unter diesen Bedingungen ist es schwer, wirklich etwas zu lernen. Es fällt den Kindern nicht leicht, regelmäßig in die Schule zu gehen, und der tägliche Gang bleibt ein Zwang. Jeder Anlaß ist ihnen recht, um nicht in die Schule gehen zu müssen. Im Winter sind es Regen, Frost oder Schnee. Im Sommer werden sie gebraucht, um auf dem Feld zu arbeiten, zu heuen oder zu ernten.

Im Alter von elf bis zwölf Jahren verläßt ein Junge endgültig die Schule. Wenn sein Vater Bauer ist, arbeitet er von nun an mit ihm. Ist er der Sohn eines Tagelöhners, verdingt er sich als Knecht auf einem Hof oder fängt eine Lehre bei einem Handwerker an. Die Mädchen bleiben zu Hause, helfen der Mutter und sorgen für die jüngeren Geschwister, oder sie verlassen die Familie und nehmen eine Arbeit an als Magd oder Zimmermädchen.

Heute ist Donnerstag und die Kinder haben schulfrei. Laura und Vinzenz sind bis zum Wald gegangen, um Pilze zu suchen. Da sie sicher sein wollen, daß keiner davon giftig ist, gehen sie zu dem freundlichen Apotheker, Herrn Miller. Man fühlt sich wohl dort, weil er einem aufmerksam zuhört. Seine große Apotheke ist einladend und mit großer Sorgfalt eingerichtet. Alles ist wohlgeordnet und mit Etiketten versehen, auf denen gelehrte lateinische Beschriftungen stehen. Regale mit vielen medizinischen Gefäßen, Steingutfläschchen, Pillendrehern, Sirupflaschen, Töpfe mit Kräutern, Salben und Pomaden schmücken die Apotheke.
Im Raum hinter der eigentlichen Apotheke arbeiten Herr Miller und sein Assistent mit großer Genauigkeit und Sorgfalt, führen Untersuchungen durch und bereiten die Heilmittel zu: Balsam, Wässerchen, Bärendreck gegen den Husten, Kräutertees, Pillen und Medizinen, die für alle Leiden, große und kleine, gut sind.
„Da habt ihr aber viele Pilze gesammelt", sagt Herr Miller. „Man sieht, daß ihr etwas davon versteht."
„Großmutter hat es uns beigebracht", antwortet Laura ganz stolz. „Gestern war Vollmond. Da schießen die Pilze aus dem Boden. Diese Pilze sind doch eßbar, nicht wahr?"
„Zweifellos", antwortet Herr Miller. „Ihr solltet die Tintlinge heute abend schon essen. Die Schirmpilze und die Pfifferlinge haben Zeit. Ihr könnt die Steinpilze trocknen. Das wird euch schmecken."

Ich habe eine Überraschung für euch, Kinder", sagt Melanie. „Klara ist vorbeigekommen und hat diese kleinen Geschenke für euch abgegeben."
„Schau mal, Vinzenz", schreit Laura, „eine Katzensparbüchse und eine Pfeife, die wie ein Vogel ausschaut. Hat die der Mann von Klara gemacht?"
„Sicher. Und sie hat sie angemalt."
Klara, die Freundin von Melanie, ist die Frau des Töpfers. Seine Werkstatt liegt an der großen Straße am Ortsende. Wenn er an seiner Töpferscheibe sitzt und arbeitet, können Laura und Vinzenz nur staunen.
Er sitzt auf einer Art Bank und legt den Ton, den er vorher geschmeidig gemacht hat, auf die Töpferscheibe. Mit dem rechten Fuß setzt er das schwere Schubrad in Bewegung. Unter den Händen des Töpfers bekommt der Klumpen Ton zunächst eine runde Form, dann wird er hohl, wächst in die Höhe, um sich wie durch Zauberei in einen Krug, einen Topf oder einen Napf zu verwandeln.
Wenn das Stück fertig ist, wird es mit einem Messingdraht vom Teller getrennt und getrocknet. Es fehlen dann nur noch die Henkel und die Schnäbel. Das ist Klaras Arbeit.
Wenn die Töpfereien richtig getrocknet sind, werden sie von Klara mit verschiedenen Mustern bemalt. Sie bedient sich eines kleinen Gefäßes, das mit flüssiger Erdfarbe gefüllt ist. Darin steckt eine Gänsefeder mit gespitztem Kiel die das Ausfließen der Farbe erleichtert. Die glasierten Stücke können jetzt gebrannt werden.
Man brennt einmal im Monat, wenn der Ofen ganz voll ist. Diese Arbeit verlangt viel Geschicklichkeit. Wehe dem Töpfer, der seine Brennstücke schlecht in den Ofen stapelt! Es kann ihn den größten Teil seiner Gegenstände kosten. Das Feuer in Gang zu halten ist eine große Kunst, denn die Temperatur muß gleichmäßig ansteigen und bedarf einer ständigen Überwachung. Diese mühsame Arbeit dauert zwei bis drei Tage!
Der Töpfer stellt viele verschiedene Gefäße her, die man für die Zubereitung von Essen und Geträn-

ken braucht, zum Garkochen und Aufbewahren. Manche Käufer kommen selbst zum Töpfer, um in der Werkstatt einzukaufen. Er beliefert aber besonders die Geschirrhändler der Gegend, die an Markttagen ihre reiche Ware ausbreiten und feilbieten.

Nicht weit vom Töpfer führt ein steiniger Weg in den Wald, wo die Werkstatt des Glasbläsers liegt. Wie der Töpfer, so braucht auch dieser Handwerker Unmengen von Holz, um seinen Ofen zu heizen. Dieser Ofen ist der wichtigste Gegenstand. Ohne ihn könnte der Glasbläser nichts fertigbringen. Er braucht eine Temperatur von 1150 Grad Celsius, damit das Glas schmelzen kann. Wenn der Geselle das Feuer so gut versorgt hat, daß im Ofen die notwendige Temperatur erreicht ist, nimmt er seine lange, hohle Glasbläserpfeife und holt sich in der unheimlich gleißenden Öffnung des Ofens einen kleinen Klumpen von der Glaspaste aus der Glut. Er zieht die Pfeife sehr schnell mit dem Klumpen Glas zurück, wälzt ihn mehrfach hin und her und macht ihn gleichmäßig rund. Während er die Glaskugel wendet und rollt, bläst er in die hohle Pfeife. Die Glaspaste bläht sich, wird wie ein Luftballon... Wenn das Glas die gewünschte Größe erreicht hat, modelliert es der Meister mit einem flachen Holzstück. Das abgeflachte, hohle und glatte Glasstück wird mit Zangen geöffnet und mit Scheren abgeschnitten. Die Flaschen, die Fläschchen werden in Formen geblasen und die Spiegel auf gußeiserne Platten gegossen. Wenn die Stücke fertig sind, werden sie noch einmal erhitzt und müssen langsam erkalten. Wenn man diesen Vorgang ausließe, würden sie beim kleinsten Stoß zerbrechen.

Einmal brauchte Großvater eine Glasglocke und war mit Vinzenz in die Glasbläserei gegangen. Die Stimmung, die Wärme, die Arbeit der Handwerker hatten Vinzenz sehr beeindruckt. „Das ist ein Handwerk!" hatte er voller Bewunderung geflüstert. „Eine harte Arbeit muß das sein, und wie lange braucht man, um das zu lernen?"

„Oh, man braucht nur eine Lehre von fünf bis sechs Jahren", hatte der Meister lächelnd geantwortet. „Man wärmt an, man wendet, man bläst. Alles ist einfach für den, der es kann..."

Lauras Lieblingsspiel ist Seilhüpfen mit ihren Freunden. Zwei halten das Seil, jeder an einem Ende, und schwingen es im Bogen. In der Mitte stehen die Springer und hüpfen. Wer das Seil berührt, hat verloren und muß ausscheiden. Die Gelenkigsten springen endlos. Laura hat viel Erfahrung in diesem Spiel, zu dem man ein großes Seil braucht. Das findet man schwer, denn Eltern, die ein solches Seil besitzen, sind nur selten damit einverstanden, daß es beim Spielen abgenutzt wird.
„Das mußt du verstehen", hat ihr Peter eines Tages erklärt, als Laura sich beklagte. „Solche Seile sind sehr teuer." Peter ist ihr bester Freund, er versucht, ihr immer eine Freude zu machen.
„Hast du schon einmal den Seiler bei der Arbeit gesehen?" hat Peter sie gefragt.
„Ich habe nicht genau darauf geachtet. Ich glaube, sie wohnen irgendwo am Wall."
Peter hat mit dem Kopf genickt. „Ja, dort sind sie vor Regen und Wind geschützt. Das ist ein hervorragender Platz, denn feuchter Hanf kann schlecht verarbeitet werden. Ich kenne die Himmers schon lange und helfe ihnen öfters aus."
„Du arbeitest als Gehilfe, als Kurbler?" hat Laura ganz erstaunt gefragt.
„Ja, ich bereite den Hanf vor. Zuerst muß ich die Rindenstückchen herausklopfen, dann wird er gekämmt, um die Fasern in möglichst feine Fäden aufzuteilen. Jetzt kann der Hanf gesponnen werden. Der Seiler bindet sich den gekämmten Hanf um den Bauch und legt ein Büschel auf den Spinnhaken. Während ich die Kurbel drehe, geht er rückwärts und läßt die Fasern allmählich durch die Hand laufen, wobei er sie geschickt in seinem Handteller zusammenfügt. Vor ihm windet sich der Hanfstrang, der jetzt Garn heißt, und wird nach und nach immer länger. Ich muß ganz ruhig und gleichmäßig kurbeln, damit das Zusammendrehen der Fasern regelmäßig wird.
Auf diese Weise legt der Seiler etwa hundert Meter zurück. Damit aber dieses gesponnene Garn nicht am Boden schleift, stellt Herr Himmer alle zwanzig Meter Pfosten auf, die wie umgekehrte Rechen aussehen. Er geht weiter rückwärts, kommt wieder zurück und geht dieselbe Strecke immer wieder hin und her, bis das Seil so dick ist, wie er es haben will."
Peter hatte damals nicht mehr über seine Arbeit erzählt. Jetzt stand er vor Laura, lächelte geheimnisvoll und fragte sie: „Rat mal, was ich für dich gemacht habe?"
„Ich weiß es nicht", hat Laura geantwortet. Sie war sehr gespannt. „Zeig mal! Oh, ein großes Seil! Das ist ja herrlich! Wie hast du das denn gemacht?"
„Herr Himmer wollte mich für die Hilfe belohnen und hat mir erlaubt, Hanfreste dafür zu verwenden. Er hat mir geholfen, Gott sei Dank, denn seine Meisterhand habe ich nicht. Hoffentlich hält's!"

Morgen ist Johannistag, das große Fest im Jahr. Der heilige Johannes ist der Schutzpatron der Gemeinde, und die ganze Stadt bereitet sich auf das Ereignis vor.
Seit zwei Tagen weicht Melanie nicht von ihrem Herd. Sie walkt Teig, rollt ihn aus, backt allerhand Kuchen, Torten und andere Leckereien. Im ganzen Haus riecht es nach Gebäck.
Die Großeltern sind eben angekommen, die Körbe voller Eßwaren. „Melanie, ich habe dir ein paar Töpfe von meinem Bienenhonig gebracht", sagt Großvater. „Die letzte Ernte war recht gut. Möchtest du auch ein oder zwei Bienenwaben?"
„Gerne, Vater. Ich habe die letzten fast ganz verbraucht." Mit diesem Wachs pflegt Melanie ihre Böden und ihre Möbel, sie glättet damit ihr Bügeleisen und putzt die Schuhe. Sie benutzt es auch, um die Früchte haltbar zu machen. Sie tunkt sie dann in ein flüssiges Wachsbad. Unter der dünnen Wachsschicht bleiben die Früchte den ganzen Winter frisch.
„Ich gehe jetzt zum Wachszieher", sagt Großvater weiter. „Er erwartet meine Lieferung. Er wird ganz schön zu tun haben für das Fest."
Herr Kalkreut schätzt Bienenwachs, denn es verbrennt ohne Rauch und ohne Geruch. Bevor er das Wachs verarbeitet, läßt er es in der Sonne bleichen, nachdem er es in dünne Scheiben geschnitten hat.
Um Kerzen herzustellen, muß der Kerzenzieher baumwollene Dochte an einem Gießring befestigen, der über einem Bottich mit flüssigem Wachs hängt. Er nimmt seine hölzerne Gießkelle, schöpft flüssiges Wachs und begießt die Dochte von oben. Das Wachs fließt an dem Docht herunter und erhärtet an der Luft. Er gießt so lange, bis die Kerze die gewünschte Dicke hat. Mit geschickter Hand rollt er sie und poliert sie auf einem langen glatten Tisch. Mit einem Holzpfriem bohrt er das untere Ende der Kerzen an, damit sie auf den Kerzenleuchtern halten.
Manchen Kerzen, besonders Kommunionkerzen, drückt Herr Kalkreut in lauwarmem Wasser mit der Holzstange ein schönes Muster auf. Andere sind mit silbernen Papierstreifen verziert oder mit Motiven aus buntem Wachs.

Es werden viele Kerzen gebraucht: für Taufen, Erstkommunionen, Hochzeiten und Begräbnisse. Dazu kommen noch die vielen Kerzen, die bei den Wallfahrten brennen und die vor den Standbildern der Heiligen angezündet werden.
Herr Kalkreut gießt auch kleine Heiligenfiguren in Holzmodel und „Ex-voto-Täfelchen", die die Gläubigen in den Kapellen aufstellen als Dank an Gott für eine erfüllte Bitte.

Besonders reizend sind seine Reliquienbilder mit kleinen Wachsfiguren der Heiligen Jungfrau und dem Jesuskind, umgeben von Engeln und Heiligen, alle in Samt und Seide gekleidet.
Sie sind in einem Glaskasten aufgestellt, der mit künstlichen Blümchen, Bändern und Girlanden geschmückt ist.

Der große Tag ist da… Von morgens früh an läuten die Glocken und rufen die Gläubigen zum Hochamt. Männer, Frauen und Kinder, festlich gekleidet, gehen zur Kapelle, die dem heiligen Johannes gewidmet ist. Sie steht inmitten von Wiesen im Schatten großer Eichen in unmittelbarer Nähe der Gemeinde. Jedes Jahr kommen Menschen aus der ganzen Gegend, um dort zu beten und den Sommeranfang zu feiern.
Die Kapelle ist zum Bersten voll. Die Zuspätgekommenen drängen sich auf den Eingangsstufen. Die Luft ist voller Weihrauch, Kirchenlieder und Glocken tönen durcheinander. Nach der Feier gehen die Wallfahrer zum Altar, um zu beten. Sie bringen ihre Gaben dar und zünden eine Kerze vor der Statue des heiligen Johnannes an, um ihm zu danken oder ihn um seine Hilfe zu bitten. Manche Menschen gehen zur Heilsquelle, die hinter der Kapelle fließt. Sie hat den Ruf, daß sie die Kranken heilt, und so kommen die Pilger und trinken gläubig das Wasser. Das Böse soll gebannt werden, indem Mütter beim Altar das Hemd oder die Mütze ihres Kindes liegen lassen.
Die Budenbesitzer und die Händler haben ihre Stände auf dem großen freien Platz aufgestellt. Sie verkaufen allerhand Andenken: Devotionalien, Kerzen, Rosenkränze, Schutzheilige unter Glas…, aber auch Zuckerwerk und Spielzeug für die Kinder. Etwas weiter stehen die Holzbuden mit den Wurfspielen und dem Büchsenschlagen, mit Geschicklichkeitsspielen aller Art, den Lotterien, den Schaukeln und dem Pferdekarussell aus Holz, für die glückliche Jungen ihr erstes Geld ausgeben. Der Moritatensänger steht auf seinem Podest und zieht die Schaulustigen an. Mit erhobener Stimme trägt er, manchmal lustig und manchmal dramatisch, aufsehenerregende Begebenheiten vor: Freveltaten, Verbrechen, Morde, militärische Glanzleistungen oder die Heldentat eines einfachen Hirten, der ein Kind vor den Angriffen eines Untiers rettet… Das gebannte Publikum folgt mit den Augen den Ereignissen der Geschichte, deren Hauptszenen auf einer großen bemalten Leinwand dargestellt sind.
Die Leute, die picknicken wollen, setzen sich ins Gras und packen ihre Vorräte aus. Man kauft gebratene Würste und Kuchen. Im Freien werden Wein, Apfelwein und Bier ausgeschenkt.
„Wißt ihr, wer dieser Mann da ist mit dem langen Bart?“ fragt Laura und zeigt auf einen rätselhaften Menschen ganz in Schwarz. „Er redet nur von Jesus und dem Leben der Heiligen…“
„Das ist ein ewiger Wanderer“, antwortet Melanie. „Eine Art Eremit, der von Almosen lebt und mit frommen Bildchen, Medaillen und Kreuzen hausieren geht. Es heißt, daß er früher einmal sogar bis Jerusalem zu Fuß gegangen ist!“
„Schaut mal“, ruft plötzlich Laura, „schaut mal da rauf! Vinzenz ist oben auf dem Kirchweihbaum.“
„Na, der wird ja auf seine Großtat stolz sein“, sagt Joseph und lacht.
Vor Freude übersprudelnd steht Vinzenz schon bei ihnen und schreit: „Ich hab’s geschafft!“ und hält einen Brief in der Hand. „Dabei war der Mast schrecklich eingeseift. Das rutschte… Ach, und wie hoch das ist! Habt ihr mich gesehen?“
„Sicher mein Junge, wir haben dich bewundert“, sagt Großmutter. „Und was hast du mit dieser Heldentat gewonnen?“ Vinzenz verzieht den Mund. „Ach, ich dachte, ich gewinne eine Uhr… und habe nur ein Kilo Zucker bekommen. Hier hast du den Gutschein, Mama. Ich gehe jetzt zum Sackhüpfen, vielleicht auch noch zum Seilziehen. Kommst du, Laura? Es gibt noch viele Spiele, und man kann ein paar Runden Karussell gewinnen.“
Während die Kinder sich vergnügen, geht Joseph mit Großvater zu dem Platz, wo sich Landarbeiter, Knechte und Mägde verdingen. Es ist Brauch, daß dies am Johannistag geschieht. Bei dieser Gelegenheit stellen Landwirte und Gutsbesitzer die Knechte, die Hirten, die Mägde und alle Saisonarbeiter ein, die sie im Sommer zur Arbeit brauchen.
Am Abend, wenn das Fest zu Ende geht, wird ein Freudenfeuer angezündet, um das die Jugend Hand in Hand tanzt. Wenn das Feuer heruntergebrannt ist, springen die Gelenkigsten darüber hinweg. „Sie werden das ganze Jahr Glück haben“, sagt Großmutter. „Ich aber werde einige glimmende Holzstücke mit nach Hause nehmen. Sie bewahren vor Blitzschlag und wenden das Unglück ab.“